INFANTICIDE

ET

EXPOSITION DES ENFANTS

EN CHINE.

RAPPORT

De Monseigneur DANICOURT,

ÉVÊQUE EN CHINE,

A Monseigneur PARISIS,

ÉVÊQUE D'ARRAS,

Président du Conseil central de l'œuvre de la Sainte-Enfance.

AMIENS,
LEMER AÎNÉ, IMPRIMEUR-LIBRAIRE, PLACE PÉRIGORD, 3.

1863.

INFANTICIDE

ET

EXPOSITION DES ENFANTS EN CHINE.

INFANTICIDE

ET

EXPOSITION DES ENFANTS

EN CHINE.

RAPPORT

De Monseigneur DANICOURT,

ÉVÊQUE EN CHINE,

A Monseigneur PARISIS,

ÉVÊQUE D'ARRAS,

Président du Conseil central de l'œuvre de la Sainte-Enfance.

AMIENS,

LEMER AÎNÉ, IMPRIMEUR-LIBRAIRE, PLACE PÉRIGORD, 3.

1863.

INFANTICIDE

ET

EXPOSITION DES ENFANTS EN CHINE.

Rapport de Monseigneur DANICOURT, Évêque du Kiang-si (Chine), à Monseigneur PARISIS, Évêque d'Arras, Président du Conseil central de l'Œuvre de la Sainte-Enfance.

PREMIÈRE PARTIE.

Ismaël, pleurant, gémissant et mourant de soif sous un arbre dans le désert de Bersabée, remue tout cœur compatissant et lui fait verser des larmes : Moïse dans son berceau flottant, exposé à la voracité des vautours et des crocodiles jette l'âme dans la sollicitude et la crainte. Mais l'un avait sa mère pour lui fermer les yeux et l'enterrer; et l'autre sa sœur pour le sauver, comme un autre ange gardien. Des milliers d'années ont passé sur la Chine et des milliards d'enfants sont morts à la voirie et dans l'eau, sans aucune Marie qui veillât sur leur jour et sans aucune Agar qui pleurât sur leur sort !!!

J'ai reçu, Monseigneur, le 9 du courant, votre très-importante lettre du 8 août dernier. Je dis très-importante parce que d'abord elle m'annonce une allocation copieuse qui nous met à même d'étendre la Sainte-Enfance sur presque tous les points du Kiang-sy, c'est-à-dire sur un espace de cent lieues en longueur et en largeur ; et qu'ensuite elle me fournit l'occasion de jeter du jour sur un fait signalé, il est vrai, par tous les missionnaires, mais peut-être pas assez appuyé de preuves et de documents.

Je saisis la question de l'infanticide et de l'exposition des enfants en Chine, avec d'autant plus d'empressement et de confiance, que nous vivons dans un siècle où le pour et le contre, sur les faits les plus constants et les plus avérés, se disent, s'écrivent et se publient avec la facilité la plus étonnante, d'où il arrive que les lecteurs, éloignés qu'ils sont des lieux dont il est question, ne savent plus à quoi s'en tenir. J'aime aussi à croire, qu'on ajoutera autant de foi à un missionnaire qui, depuis l'établissement de la Sainte-Enfance en Chine, s'est occupé d'une manière spéciale, à connaitre le sort des enfants nouvellement nés en Chine, qu'aux voyageurs qui dans leur course rapide, quelque talent, quelqu'œil observateur qu'ils aient, n'ont pu qu'effleurer les mœurs, les coutumes et les usages des Chinois, à moins qu'ils ne répètent ce qu'ils ont lu dans des livres écrits dans la solitude du cabinet.

Je commence par mettre en fait, que si un Européen n'est pas en contact avec les Chinois, durant de longues années, il restera ignorant sur une foule de leurs usages tant bons que mauvais : et je soutiens qu'il n'y a pas un missionnaire en Chine qui n'apprenne tous les jours du nouveau sur les mœurs et les coutumes chinoises, fut-il vétéran dans la carrière apostolique comme le digne et vénérable Mgr Perrocheau.

Avant de mettre dans toute son évidence le chiffre déplorable des enfants exposés, étouffés et noyés chaque année en Chine, je ferai observer qu'en France, par exemple, l'exposition des enfants a toujours été plus grande dans les temps de misère et de corruption. Ces enfants jonchaient les portes des églises du temps de saint Vincent, et depuis plus de cinquante ans, qu'on me dise combien de fois le libertinage a fait rouler nos tours.

Or, y a-t-il, en Chine, moins de misère qu'en France ? Y a-t-il moins de calamités, d'épidémies, d'inondations, de révoltes, de guerres, de désordres, de libertinage enfin ? Nulle comparaison à établir entre les calamités de Chine et celles de France, tant les premières surpassent les dernières. Seulement ces quatre ou cinq années passées, le sabre et la lance des Si-ping (insurgés du Kouang-si) ont fait plus de victimes que la mitraille de toutes les batailles sous l'Empire. Ensuite qui ignore la supériorité de la population chinoise sur celle de l'Europe entière. Or, parmi cette population immense, continuellement décimée par un des fléaux susdits, qui pourra dire combien d'enfants périssent par la misère, l'exposition et l'infanticide.

Sans les trésors versés par la charité chrétienne pour la conservation des enfants-trouvés en Europe, que de milliers de ces enfants périraient chaque année. Or, en Chine quel secours accorde le gouvernement ou le peuple à l'enfance réduite à la misère? On a bien établi dans presque toutes les villes des hospices pour les recevoir; ces hospices sont bien dotés de larges revenus; on a bien taxé dans beaucoup de villes chaque boutique de cinq à dix sapéques à payer par mois pour le soutien des enfants : mais l'argent est détourné par les administrateurs : mais les enfants, presque tous des filles, sont si mal soignés, si mal vêtus et si mal nourris, qu'on ne peut mettre les pieds dans ces hospices sans se sentir le cœur bondir et l'âme dégoûtée à la vue des saletés qui couvrent ces enfants des pieds à la tête. Il échappe si peu de ces enfants à la mort que les père et mère préfèrent exposer leurs enfants ou les faire mourir de suite plutôt que de les porter dans ces asiles dégoûtants où ils savent qu'une mort certaine les enlèvera après avoir été macérés par la souffrance et la douleur.

La divine Providence n'a jamais manqué d'apporter de grands remèdes aux grands maux, selon les temps que sa sagesse a fixés pour une plus grande manifestation de sa miséricorde. L'histoire de sa charité infinie est écrite en long et en large dans le volume immense de la misère humaine. Saint Vincent-de-Paul et ses filles bénies couvrent les pages de deux siècles. Et de nos jours la charité toujours inépuisable de cette aimable Providence a soufflé dans le cœur d'un prélat illustre l'amour de l'enfance délaissée et impitoyablement sacrifiée; et, malgré mille obstacles, cet amour pour l'enfance païenne se communique à l'enfance chrétienne et opère sur un terrain nouveau, dans une contrée lointaine au-delà des mers, des merveilles et des prodiges de charité que les âges futurs ne pourront lire sans admiration. A la vue d'un spectacle si surprenant, tout chrétien qui a la foi doit se dire au fond du cœur : oui le sort des enfants Chinois est déplorable, affreux, puisque Dieu, en si peu de temps, a suscité déjà plus de trente-deux mille enfants chrétiens pour leur porter secours ; et comme le nom d'Hérode est en horreur, depuis bientôt deux mille ans, pour avoir massacré l'enfance de Bethléhem, bénis seront, jusqu'à la fin des siècles, les petits enfants du

GRAND PONTIFE PIE IX

POUR AVOIR SAUVÉ LA VIE DU CORPS ET DE L'AME A DES MILLIONS DE PETITS CHINOIS.

Puisqu'il y a en Chine tant de myriades d'enfants exposés et sacrifiés, peut-être va-t-on conclure que le sentiment de la nature, si profondément gravé par la main de Dieu dans le cœur du père et surtout de la mère, sentiment que le glaive de Salomon fit jaillir avec tant de force des entrailles d'une mère d'ailleurs de mauvaise vie, est éteint dans la plupart des Chinois. Non, il n'est pas éteint, mais bien supplanté et dominé par la colère, la superstition et la crainte du déshonneur, source et origine des malheurs qui pèsent incessamment sur la Chine et qui arrachent la vie à un nombre infini d'enfants à leur entrée dans ce monde et même dans le sein de leur mère.

Les Chinois qui ont en partage la pauvreté et la misère, se disent, lorsqu'il leur naît une deuxième ou troisième fille : à quoi bon nourrir cette fille ? Quel profit en retirer ? Ce n'est bon qu'à balayer la maison. Mieux vaut s'en défaire que de l'élever et la nourrir jusqu'à l'âge de seize où dix-huit ans, sans savoir au bout du compte où la placer.

En effet, dans tout le Kiang-sy il n'y a que quelques arrondissements, dans les départements de Ki-ngan-fou, et Kan-tcheou-fou, où les femmes foulant sous leurs grands pieds la mollesse et la délicatesse des petits pieds, gagnent leur vie dans les champs et sur les montagnes, sans être à charge à leurs parents. Dans tout le reste de la Province, la grande occupation des filles est de balayer la maison, d'aider à la cuisine, de boire, manger, se parer, voir les spectacles et visiter les pagodes avec des parures qui le disputent à celles de la déesse Kouang-ing si elles ne les dépassent pas.

Souvent c'est une bru qui, ne pouvant supporter les reproches et les malédictions d'une belle-mère où d'une belle-sœur, de ce qu'elle ne met au monde que des filles, dans un accès de colère et de fureur, étouffe et jette sa fille à l'eau. Rien d'affreux comme une femme Chinoise en colère. Pendant des journées entières, sa bouche ne s'ouvre que pour vomir les saletés les plus grossières et les malédictions les plus terribles contre tous les gens de la maison et même du voisinage. On la dirait possédée du démon de la rage. Il paraît bien qu'il en a été toujours ainsi parmi les païens, puisqu'ils ont mis au premier rang des bourreaux de leur enfer, des femmes sous la forme d'oiseaux farouches, et on ne saurait croire combien d'avortements résultent de ces accès de fureur.

Plus souvent encore, c'est le père et la mère qui se disent : il vaut mieux envoyer de suite l'âme de cette fille transmigrer chez quelque famille riche, plutôt que de la voir végéter dans la misère et mourir de faim. On ne se figure pas en Europe combien la croyance à la métempsychose est commune en Chine. Les missionnaires qui n'ont des rapports qu'avec les chrétiens, ce qui a lieu dans presque toutes les missions, n'ont pas occasion de traiter cette matière, comme je l'ai eue tout le temps que je suis resté au Tché-kiang, où il m'a fallu étudier toutes les sectes, pour être en état de les combattre et d'en démontrer la fausseté aux païens.

C'est aussi un point sur lequel il faut beaucoup appuyer dans les instructions préparatoires au baptême des catéchumènes, afin de déraciner cette erreur de leurs cœurs et d'y implanter la croyance au jugement que l'âme, à peine dégagée des liens du corps, doit subir devant le tribunal de Dieu. Sans cela, on aura des chrétiens pythagoriciens, comme tel *sien-chen* (instituteur) que tel méthodiste avait chargé de son dispensaire à Ning-po, et qui, étant interrogé sur la cause de telle ou telle maladie, répondait en vrai Pythagore : *le corps souffre à cause de l'âme qui a mal versé dans les âges précédents*, et voilà l'instruction et la foi des néophytes protestants !!

Mais ce sont surtout les enfants du crime qu'on fait périr avant ou immédiatement après leur naissance ; et, vu la corruption des mœurs qui règne en Chine, le chiffre de ces innocentes victimes est effrayant. Et, si l'on savait en Europe, comme le savent les missionnaires, combien la vie est peu de chose en Chine, on croirait bien facilement ce qu'il me peine de démontrer ici.

Le gouvernement est si indolent que le crime d'avortement procuré et d'infanticide, se multiplie partout impunément, et le peuple est si accoutumé aux proclamations que les nouveaux préfets, après leur installation, font afficher dans les rues, contre les noyades d'enfants, qu'il n'y fait plus attention : il se contente de dire que le préfet a encore un peu d'humanité. Mais humanité fausse, puisque les proclamations restent toujours sans effet ; mais humanité homicide, puisqu'elle laisse périr des millions d'enfants, qu'elle pourrait sauver, si elle prenait la peine de sévir contre les noyades, en chinois *ni* (noyer), mot qui se retrouve dans toutes les proclamations publiées contre l'exposition et l'infanticide.

Je vais maintenant répondre à une objection que quelques Européens, je le sais, ne manqueront pas de faire ; à savoir que ce grand nombre d'enfants, qu'on voit pourrir sur les fleuves, les rivières, dans les canaux, les étangs, etc., sont morts de mort naturelle et n'ont été jetés là, que parce que leurs parents étant pauvres, n'ont point de terrain pour les enterrer, ni d'argent pour leur acheter un cercueil. Je réponds qu'expliquer la chose de cette manière, c'est ignorer un usage ou plutôt un préjugé qui existe en Chine et que je vais développer, et j'avoue franchement qu'autrefois j'étais aussi dans cette erreur, faute d'avoir pris des informations : j'en ai même parlé quelquefois avec un missionnaire qui n'est plus en Chine, mais je n'ai rien écrit à ce sujet.

Lorsqu'il naît en Chine une fille, si on veut la conserver, elle est *lavée*, sinon elle ne l'est point. Mais une fois lavée, jamais on ne la jette à l'eau ou à la voirie, et si elle vient à mourir, elle est toujours enterrée, d'après un préjugé chinois qui attache un plus grand crime à l'infanticide d'un *enfant lavé* qu'à celui d'un enfant *non lavé*. Mais si on ne la lave point, c'est qu'on veut l'étouffer immédiatement, ou la noyer dans un seau, ou la jeter à l'eau, ou la suspendre, renfermée dans un panier, à un arbre ou dans la haie voisine. Je prie le lecteur d'ajouter foi à ce que je dis ici, parce que, soit chrétiens, soit païens, tout le monde ici m'a affirmé, m'a certifié que tous les enfants qu'on trouve morts, tant sur terre que sur l'eau, ce sont autant de filles qu'on a fait mourir *sans être lavées*.

Le fait est tellement vrai que dans les commencements de l'établissement de la Sainte-Enfance au Kiang-sy, dans les localités où on recueillait les enfants, nos chrétiens obtenaient difficilement le *lavage* de ces enfants, parce que les païens craignaient qu'ils ne fussent pas reçus après avoir été lavés, et qu'ainsi ils ne leur restassent sur les bras.

Quoique j'ai déjà fait des interrogations à ce sujet, je n'ai pu encore découvrir la raison pour laquelle un enfant, une fois *lavé*, n'est jamais étouffé ou jeté à l'eau ; mais bien enterré, s'il vient à mourir. Elle doit reposer sur quelqu'une de ces mille superstitions, si profondément enracinées en Chine et si peu connues des Européens. Je vais aller à de nouvelles interrogations pour les déterrer. En Chine, qui questionne peu, connaît peu. Tout en Chine est au rebours de ce qu'on voit en Europe ; et un Européen qui jugerait des Chinois par analogie, tomberait dans les plus graves méprises.

Je ne sais point ce que l'on a pensé en Europe de certaines relations de voyage, dans lesquelles on représente un Français qui, en compagnie d'une dame Chinoise, fait une promenade d'agrément et de plaisir de Chang-hai jusqu'à Sou-tcheou-fou. Faut-il avoir du front pour écrire de tels mensonges et en imposer ainsi à la crédulité européenne. Par bonheur qu'on sait maintenant à quoi s'en tenir sur ces touristes d'outremer, qui ne sont venus en Chine que pour le plaisir de raconter des faquineries, et sans aucun profit pour le gouvernement qui les payait grassement.

J'en viens maintenant aux enfants exposés dont le nombre n'est pas moindre que celui des enfants *non larés*, dont je viens de parler. Si je pouvais faire un tableau complet des malheurs de tout genre qui écrasent annuellement plusieurs provinces de Chine, comme les débordements du Houang-ho et du Yang-tse-kiang ; la piraterie qui a étendu ses escales sur le littoral de Chine, depuis le golfe du Tong-king jusqu'aux extrémités nord de celui de Pékin ; les descentes des Si-fang et des Si-tsang dans les provinces du Sse-tchuen et du Yun-nân ; les moissons enlevées par l'inondation, ou mourantes debout sous les ardeurs d'un ciel sans nuages; l'opium, ce virus meurtrier qui, attaquant et minant le physique comme le moral de la génération présente, laisse sur la génération suivante les traces ineffaçables de son venin; le jeu, cette grande passion des Chinois, devenu si fréquent, que dans les rues et sur les barques, on ne voit partout que des cartes, on n'entend partout que le son des dés; la fièvre, cette maladie inhérente aux Chinois, et cela, grâce aux études et à la science des empiriques et des charlatans; les révoltes, les insurrections, les guerres, et avant tout ces hordes sauvages, qui depuis cinq ans ont couvert de carnage et de sang un tiers de la Chine, affublant leur monstrueuse religion de quelques lambeaux de la Bible, et des masques de la chevalerie chinoise : si, dis-je, je pouvais faire un tableau complet de toutes ces calamités, personne n'aurait de doute sur l'immensité de l'exposition en Chine et chacun croirait voir avec moi, ces pauvres enfants, victimes de la misère, nus, gisants et mourants aux portes des pagodes, sur les ponts, devant les monts-de-piété, dans les rues, dans les latrines, sur les chemins, dans les champs, etc., etc. Si je mentionne tous ces cas, c'est que j'ai une foule de faits sur chacune de ces manières d'exposer les enfants par suite de la misère.

Les suffocations, noyades et expositions des enfants n'ont pas seulement lieu chez les pauvres, mais aussi dans les familles aisées, et en voici la raison : les Chinois tiennent singulièrement à avoir des garçons, afin qu'après leur mort, ils aient quelqu'un qui leur fasse le *Keng-fan* ou *Tai-fan*, c'est-à-dire qui leur rendre le culte superstitieux, connu sous le nom de culte des ancêtres. Or, s'il leur naît plus de deux filles consécutivement, la troisième, la quatrième, etc., est immédiatement étouffée où noyée, parce que, disent-ils, la mère épuisée par l'allaitement de ces filles, ne pourra plus donner de garçons.

C'est pour la même raison que la polygamie est si commune en Chine parmi les riches. Les Chinois prennent plusieurs femmes, surtout dans l'espoir d'avoir de la seconde ou troisième femme, des garçons qu'ils n'ont pu avoir de la première ou de la seconde. Mais les pauvres ne peuvent pas avoir recours à la polygamie pour avoir des garçons, parce que les femmes s'achètent fort cher en Chine ; de sorte que pour conserver les forces de l'unique femme qu'ils ont, ils se débarrassent immédiatement des filles qui leur naissent coup sur coup, pour ne pas épuiser la mère.

C'est le désir d'effacer de l'esprit des associés toute espèce de doute sur le résultat et le fruit de leurs aumônes ; c'est l'amour de la vérité ; c'est une estime singulière et pour ainsi dire une vénération envers l'enfance chrétienne d'Europe ; c'est pour lui donner, s'il y a moyen, un nouveau stimulant à de nouvelles générosités que j'ai fait ce rapport. Je le lui consacre, je le lui dédie, je le lui offre comme une dette et une redevance à laquelle sa charité a acquis tout droit. Lorsque l'enfance donne l'exemple d'un dévouement si prodigieux, et rivalise d'un zèle si ardent, tout cœur chrétien doit se remuer pour bénir la Providence d'avoir suscité, de nos jours, des phalanges enfantines, dont les cœurs comme les aumônes, ont pu traverser les mers pour sauver d'autres enfants qu'ils n'ont jamais vus, mais qu'ils verront dans le ciel qui leur est ouvert par le centime, l'obole et le denier de leur aumône.

Au séminaire de Kiou-tou, province de Kiang-si,
le 20 *janvier* 1856.

† F<small>RANÇOIS</small>-X<small>AVIER</small>-T<small>IMOTHÉE</small> DANICOURT,
Évêque d'Antiphelles, vicaire apostolique du Kiang-si.

RAPPORT

DE

Monseigneur DANICOURT, Évêque de Kiang-si (Chine)

A

Monseigneur PARISIS, Évêque d'Arras,
Président du Conseil central de l'Œuvre de la Sainte-Enfance.

DEUXIÈME PARTIE.

D'après une foule d'interrogations que j'ai faites et d'informations que j'ai prises de tout côté, j'ai acquis la certitude que sur cent filles qui naissent au Kiang-si, il y en a au moins un quart qu'on fait périr impitoyablement, aussitôt après leur naissance, et pour juger du nombre de ces innocentes victimes, sacrifiées par leurs propres parents, il n'y a qu'à jeter les yeux sur la carte du Kiang-si. On y voit, sur un espace de plus de cent lieues, en longueur et en largeur, c'est-à-dire depuis *Tchang-ning*, au midi, jusqu'à *Choui-tchang*, au nord, et depuis *Yu-chan*, à l'est, jusqu'à *Pin-siang*, à l'ouest, soixante-dix-huit villes murées, outre cinq bourgs comparables à des villes, savoir :

Tang-kiang, *Tchang-chou*, *Ou-tchen*, *King-te-tching* et *Ho-keou*, enfin une foule de gros villages. Qu'on juge d'après cela de la population de la province. Pour moi, je ne crois pas être au-dessus de la vérité, en lui donnant vingt-cinq millions d'habitants. D'après cette estimation, ceux qui sont experts dans la science de la statistique, pourront donner un chiffre approximatif du nombre d'enfants qui naissent chaque année dans une telle population, faisant attention que les filles sont toujours plus nombreuses que les garçons.

Je dois faire une observation, au sujet de la population de la Chine, qui est d'une grande importance et faute de laquelle les Européens, comme les Chinois, tombent toujours dans de grandes erreurs sur ce point. C'est que les uns et les autres jugent toujours du nombre de la population, d'après le monde qu'ils voient dans les rues, aux portes et sur le devant des boutiques. Ils ne font pas attention d'abord que ce sont presque toujours les habitants de la même ville, ou de la même localité, qui ne font que se croiser du matin au soir; ensuite qu'il ne reste presque personne dans l'intérieur des maisons, pendant le jour, à l'exception de quelques femmes et de petits enfants; enfin que plus des trois quarts des Chinois doivent être sur pied du matin au soir, pour gagner leur vie; d'où résulte cette grande activité et tout ce monde qu'on voit dans les rues dont la petitesse semble encore augmenter le nombre. On comprendra facilement ce que je dis ici, si on fait encore attention que les Chinois, à cause de leur grande pauvreté en général, doivent continuellement lever le talon, s'ils ne veulent pas mourir de faim. C'est faute de ces réflexions et observations, qu'on a toujours mis la population de Chine bien au-dessus de la vérité. Celle de Ning-po-fou, par exemple, est estimée à trois cent mille âmes; cependant, si on juge de sa population d'après le monde qui couvre ses rues et qui passe sur son pont de bateaux, on dira certainement qu'elle surpasse celle de Paris. Le fait est tellement vrai, que je connais des Chinois qui ont été en France, et qui vous disent que ville pour ville, notre population n'est rien en comparaison de la leur, et pourquoi? parce qu'ils ne jugent que par ce qu'ils voient dans les rues, et qu'ils se figurent que les maisons en France sont vides pendant le jour comme celles de Chine. La Chine ne peut être comparée qu'à une ruche ou une fourmilière continuellement en mouvement et en activité, ce qui fait qu'on l'estime toujours plus peuplée qu'elle ne l'est en réalité. Le chrétien Ouang de Pékin, qui est allé en France avec M. Cleskoosky, a dit à qui bon a voulu l'entendre, qu'il y avait plus d'habitants à Pékin que dans toute la France.

J'en viens maintenant aux différentes manières d'infanticide et d'exposition en Chine. C'est généralement aussitôt après leur naissance que les enfants, et ce sont toujours des filles, perdent la vie: ou bien on les noie dans le bain d'eau chaude préparé pour la mère en couches, mais le plus souvent dans le *mo-tong*, vase pour les grands et petits besoins qui est inséparable de tout ménage chinois. Ou bien on les étouffe avec leur *enveloppe naturelle*, de manière que ce qui les avait abrités pendant neuf mois, devient l'instrument de leur mort. Ou bien on les jette à l'eau, si elle est près, ou dans les premières latrines, si l'eau est éloignée, ce qui a lieu dans les villes et les bourgs, et cela, dans la crainte d'être aperçu des voisins.

En dehors des villes, dans les villages, à la campagne, on les jette à l'eau ou on les suspend aux arbres, ou bien on les dépose dans les haies, et toujours renfermés dans des paniers quelconques. S'il arrive qu'on les enterre, après les avoir fait périr, la chose se fait le plus vite possible, dans la crainte d'être vu, et alors ces enfants ne sont recouverts que d'un peu de terre; d'où il arrive très-souvent que les chiens, attirés par l'odeur, ou les pourceaux en font leur pâture. Les porcs sont si communs en Chine, que l'empereur *Kien-Long*, de la dynastie régnante, ne rencontrant partout que des porcs, dans ses voyages, disait que le caractère *kia* (famille) avait été composé avec juste raison de *mien* (toit) et *ché* (cochon), parce qu'on ne voyait point de maison sans porcs. Il y a donc bien des siècles que les pourceaux sont nombreux en Chine, puisque le caractère *kia* a été inventé bien longtemps avant Confucius.

L'exposition des petites filles se fait aussi de différentes manières. Mais en général leur exposition résulte de la pauvreté des parents et c'est toujours avant qu'elles aient atteint l'âge de cinq à six ans. Ces expositions se font dans les rues, à la porte des pagodes, des temples des ancêtres, des monts-de-piété, sur les chemins fréquentés, sur les ponts, aux portes des villes, en un mot là où il passe ou entre du monde, afin qu'on les recueille. Car la nature qui se retrouve presque toujours la même partout, parle trop fort au cœur d'une mère qui a élevé sa fille pendant trois ou quatre ans, pour lui arracher la vie, après avoir joui de ses premiers sourires et reçu ses premières caresses.

Que de fois nos chrétiens ont vu des mères aux aguets à une certaine distance, dans l'attente que quelqu'un recueillît l'enfant que la misère ou quelqu'autre raison puissante les avait comme forcées à déposer furtivement sur la voie publique. La première fille que j'ai reçue à Ning-po-fou a été trouvée à la porte d'une pagode où sa mère l'avait déposée. Elle a maintenant dix-sept ans et est mariée à un bon chrétien du département de Kia-shing-fou, dans le Tché-kiang.

Les séminaristes du Kiang-si en ont aussi recueilli dans leur promenade, et à peine l'enfant était-il ramassé, qu'on voyait la mère qui se tenait cachée à quelque distance, s'en retourner vite à la maison, contente de voir son enfant en bonnes mains. Dans une foule de localités, ces petites filles sont déposées la nuit dans un des endroits mentionnés plus haut, et il arrive souvent que lorsque la petite a trois ou quatre ans, les boutiques du voisinage contribuent pour une somme de cinq à six ligatures qu'elles donnent à une femme connue, à la condition de nourrir l'enfant pendant un certain nombre d'années. Si l'enfant ne meurt pas par suite du froid, de la faim ou de la misère qu'elle a eu à souffrir, elle est généralement adoptée et devient la bru de sa mère par adoption.

Telles sont, à peu près, les différentes manières de faire périr ou d'exposer les petites filles au Kiang-si, et cela a lieu dans tous les départements de la province, excepté dans les arrondissements des deux départements de Kyngan-fou et Kan-tcheou-fou, où les femmes en général ont leurs pieds d'Adam et d'Ève et peuvent gagner leur vie dans les champs ou sur les montagnes, en travaillant comme les hommes. Dans le reste de la province, toutes les femmes ont des pieds de chèvre, sans en avoir la légèreté, bien entendu, et cette coutume des pieds de chèvre existe en Chine depuis *Tchou-ouang* l'infâme, de la dynastie *Tchéou*, je dis l'infâme, parce que c'est ainsi qu'il est surnommé par les Chinois, à cause de ses cruautés et de ses désordres. L'origine des petits pieds repose sur une fable qui dit que le diable *Mo-koui*, sous la forme d'une femme à petits pieds, et embellie des parures les plus capables de séduire et de captiver un cœur farouche, apparut à Tchou-ouang, qui en fut épris et la prit pour sa femme. Mais c'est tout simplement un Régulus qui, ayant tout à craindre de la cruauté de Tchou-ouang, et voulant se le rendre favorable, lui donna sa fille parée comme une déesse et les pieds étroitement serrés avec des bandelettes, d'où est venu l'usage des petits pieds, et c'est le cas de dire : *Regis ad exemplar totus componistur orbis.*

Au dire de nos prêtres indigènes, les familles riches ont dans un coin de la maison ou dans un endroit retiré du jardin, une fosse dans laquelle on jette les filles dont on ne veut pas, c'est ainsi qu'elles cachent leur atrocité et qu'elles mettent leur honneur à couvert.

Le peuple n'a que trop bien imité l'inhumanité de ces empereurs qui ordonnaient d'être enterrés après leur mort, avec plusieurs décades d'enfants des deux sexes et les plus beaux qu'on pût trouver, pour leur servir de pages dans l'autre monde. Ces malheureuses victimes d'une superstition barbare étaient fixées droites dans le caveau, autour du cercueil, après leur avoir versé dans la bouche du mercure et d'autres ingrédients dessicatifs qui les préservaient de la corruption.

Confucius semblait prévoir ces atrocités lorsqu'il élevait la voix avec tant de force contre les empereurs de son temps qui voulaient avoir des statues ou mannequins autour d'eux dans leur tombeau; *ils n'auront point de postérité, s'écriait-il.* Mais malgré ses réclamations l'abus a prévalu, puis est venu la superstition si féconde en cruautés et barbaries, et qui a immolé, dans les caveaux, sous plusieurs dynasties, les plus nobles et les plus beaux enfants de Chine. Étrange empire du ciel!

J'ignore si les Chinois se servent de petits enfants ou de fœtus pour des opérations magiques. Mais je sais que des charlatans s'en servent pour composer des remèdes, qu'ils appliquent surtout aux membres fracturés. Après avoir décharné les os des enfants, ils en font une poudre, puis une pâte qu'ils appliquent sur les blessures. Il y a quatre ans, dans l'arrondissement de *Tsin-shien,* département de *Nan-tchang-fou*, la capitale, des charlatans qui couraient tout le sud de la Chine, avec un chameau, pour vendre des drogues spécifiques, rencontrèrent sur leur route une femme enceinte qui avait un poisson à la main. Se voyant loin de toute habitation, ils se jettent sur cette femme, la renversent par terre et lui arrachent le fruit de ses entrailles en la foulant aux pieds. La femme resta morte sur le terrain et les scélérats continuèrent leur route à grands pas, emportant avec eux et l'enfant et le poisson. Mais la justice de Dieu ne tarda pas à les punir. L'auberge où ils descendirent pour passer la nuit était précisément la maison même de la femme : le poisson attira l'attention de la famille : on alla de suite aux perquisitions : la femme fut trouvée morte sans le poisson : accusation fut portée devant les mandarins de Tsin-shien, qui firent immédiatement couper la tête aux charlatans : ils étaient huit et tous de l'arrondissement de Kien-tchang, le plus pauvre de tous ceux du Kiang-si.

Outre les causes d'infanticide mentionnées dans la première partie de mon rapport, il y en a d'autres dont je vais parler. Beaucoup de parents pauvres, qui ne peuvent donner leurs filles à d'autres, pour futures épouses, parce qu'ils leur faut encore ajouter plusieurs ligatures qu'ils n'ont pas, et fournir des habits jusqu'à ce qu'au moins les filles aient atteint l'âge de six ans, préfèrent les faire mourir pour en être débarrassés. C'est encore la pauvreté qui pousse un grand nombre de mères à tuer leurs filles aussitôt après leur naissance, afin qu'avec leur lait, elles puissent être admises comme nourrices, dans quelque famille riche, et gagner une vie qu'elles ont si cruellement éteinte dans le fruit de leurs entrailles.

La difficulté de trouver un parti sortable à leur condition, fait encore qu'un grand nombre de familles aisées, tuent toutes les filles qui leur naissent, à l'exception de la première qu'elles conservent. Et lorsqu'on demande au père ou à la mère combien ils ont eu de filles, ils répondent : trois, quatre, cinq, etc., et si on ajoute : où sont-elles ? Ils répondent en riant qu'ils les ont offertes au *Dieu, dragon des eaux*, c'est-à-dire qu'ils les ont noyées. Nous avons ici autour de nous plusieurs familles païennes qui sont dans le même cas. Il n'y a aucun doute sur cela ; car il suffit d'interroger les néophytes, c'est-à-dire les adultes nouvellement baptisés, et tous de dire qu'ils ont tué leurs filles, comme tout le monde le fait, sans penser que ce fût un si grand crime.

Grand nombre de filles, aussitôt après leur naissance, sont maltraitées et tuées d'une manière horrible par leurs parents, afin que le principe femelle *(in)* ne vienne plus s'immiscer dans la génération pour produire des filles, et laisse la place au principe mâle *(iang)* pour engendrer des garçons. Ces deux principes ou matières premières, mâle, femelle, forment la base de la philosophie, ou mieux de la superstition chinoise. Ainsi aux yeux des Chinois tout est mâle ou femelle. Le ciel par exemple est mâle, la terre est femelle : le soleil est mâle, la lune est femelle, ainsi du reste, jusqu'aux dernières limites des choses existantes.

J'ai déjà parlé dans la première partie de ce rapport, de la croyance des Chinois à la métempsychose ; c'est encore d'après cette fausse croyance que, dans un grand nombre de familles, lorsqu'il meurt un garçon on lui barbouille la figure avec des saletés, on lui coupe les membres et le corps en deux, afin qu'après avoir été ainsi maltraité, l'âme de l'enfant se garde bien de venir animer le corps du garçon à naître, cette superstition s'appelle en Chinois *cheng*, reprendre vie.

Si j'entre dans des détails si affligeants et si déchirants pour tout cœur sensible, c'est uniquement dans le but d'exciter la compassion des chrétiens d'Europe. Si je mets sous les yeux la plaie la plus affreuse qui ait jamais rongé une nation, c'est afin de réclamer l'aumône de la prière que chacun peut donner, puisque le cœur suffit pour cela ; c'est afin de solliciter l'aumône corporelle de tout chrétien dans les mains duquel la bonté de Dieu a déposé une obole ; ou le moyen de l'acquérir, comme elle met le grain de riz ou le vermisseau dans le bec du petit oiseau, en donnant à sa mère le moyen d'en aller chercher d'autres.

La charité des associés de la Sainte-Enfance a déjà planté ses jalons au-delà des limites de l'Europe ; ses collectes sont déjà parvenues à une somme prodigieuse, vu ses quelques années seulement d'existence. Mais qu'il lui reste encore à faire pour parer aux besoins de la Chine ! Cependant, j'en ai la ferme confiance, son ardeur lui fera toucher au but que s'est proposé son illustre fondateur, je veux dire la conversion de la Chine.

L'association de la Sainte-Enfance repose sur un fondement plus ferme et plus solide que le roc : elle a pour soutien un aliment qui ne sait ni vieillir ni périr, la charité divine. Oui, l'enfance chrétienne, éclairée par la lumière de la grâce et échauffée par le feu de la charité, peut tout avec son cœur, sa prière et son aumône. Le cœur d'une fille sans tâche a tellement ravi celui du fils de Dieu, qu'il est descendu du ciel pour se rendre à jamais semblable à elle. Serait-il indifférent, se fermerait-il, ce cœur, pour de jeunes frères qui lui ressemblent tant par les charmes de l'innocence et les élans de la charité? Non jamais : ce cœur, au contraire, est à eux avec ses trésors infinis de grâces et de vertus. Dans un temps qui n'est pas loin, on verra s'accomplir en Chine ce que saint Paul a consigné avec autant de clarté que de force dans sa première épître aux Corinthiens. La Providence s'est réservée la Chine, cet empire unique dans le monde, pour y confondre la sagesse, la noblesse, la force, la puissance et la gloire du siècle, par l'ignorance, la bassesse, la faiblesse, l'impuissance et la pauvreté de l'enfance.

Courage donc, généreux compagnons de l'Enfant-Jésus ! Déjà vous avez arraché à l'enfer des milliers d'enfants. Courage ! vos centimes et vos sols conservent la vie à des milliers d'enfants qui ne vivent que pour vous. Courage! vos aumônes ont déjà envoyé au ciel des myriades de frères qui vous attendent et prient pour vous. Courage! vous allez avoir des apôtres dans vos frères adoptifs, qui feront en paroles, dans un empire où « tout est Dieu, excepté Dieu lui-même » ce que vous y faites par vos prières et vos aumônes. Courage! vous êtes entrés dans la plus belle carrière d'honneur qui ait jamais été ouverte à l'ambition du cœur humain, au bout de laquelle, au lieu de cris de victoire, au lieu de couronnes périssables et d'ovations passagères, vous trouverez votre frère d'armes, qui vous a ouvert le chemin de la gloire, l'Enfant-Jésus, qui vous recevra, vous embrassera, vous couronnera et vous ouvrira la marche pour entrer glorieux dans la Jérusalem céleste, au chant de l'Alleluia et de l'Hosanna répétés à jamais par toutes les légions des anges et des saints.

Et vous, parents charitables d'enfants si généreux, salut et bénédiction en Notre-Seigneur. Et vous, pasteurs vigilants d'agneaux si aimables, honneur en Notre-Seigneur! Et vous pontifes et princes de l'Église, protecteurs puissants, et propagateurs zélés de la Sainte-Enfance, gloire en Notre-Seigneur !

Les genoux en terre et les yeux tournés vers l'Occident, où Confucius a dit qu'était le saint, je réclame le secours de vos prières pour moi et mes pauvres chrétiens; je vous offre à tous, au nom du Kiang-si, l'expression de la plus vive reconnaissance pour votre générosité et vous conjure, par la charité de l'Enfant-Jésus, de réserver dans vos prières et vos saints sacrifices, une part à tant de millions d'âmes, qui vivent sans Dieu sur la terre et tombent tous les jours dans le malheur éternel.

Kiou-tou, 11 février 1856.

† François-Xavier-Timothée DANICOURT,
Évêque d'Antiphelles, vicaire apostolique du Kiang-si.

LETTRE

DE

Monseigneur DANICOURT, Évêque en Chine,

A

M. l'Abbé JAMMES,

Directeur de l'OEuvre de la Sainte-Enfance, à Paris.

(Kiou-tou Kiang-si) Présentation de l'Enfant-Jésus au Temple 1856.

Monsieur le Directeur,

Il n'y a que peu de jours que j'ai envoyé à Mgr Parisis la première partie de mon rapport sur l'infanticide et l'exposition des enfants en Chine et je viens de m'apercevoir d'une erreur de chiffre que la lecture des annales m'a fait connaître. Il nous manque ici plusieurs n^{os} et je suis tellement surchargé, qu'il ne me reste pas de temps pour les parcourir. Cependant la lecture de quelques n^{os} m'a tellement touché, ému, enflammé, que je leur ai sacrifié plusieurs heures de repos de la nuit, ce qui m'a mis un peu au courant de l'œuvre jusqu'au n° 38. J'en suis tellement édifié que j'en fais ma lecture spirituelle. Or, j'y ai vu que le nombre des associés allait à un million, s'il ne le dépassait pas. Je vous prie donc de mettre le chiffre actuel des associés, au lieu de 32,000 que je marque dans mon rapport.

Je vous serais infiniment reconnaissant, Monsieur le Directeur, si vous aviez la bonté de nous envoyer les 3me, 4me et 5me volumes des Annales, adressés d'une manière spéciale à la mission du Kiang-si et cela par une occasion sûre. De cette manière, nous ne serions pas exposés à avoir tant de lacunes dans les n^{os} que nous recevons ; car, du n° 15 au n° 38, il nous en manque plusieurs qui ont été égarés ou perdus en route, je ne sais où ni de quelle manière, excepté ceux que vous avez pu nous envoyer par MM. Tagliabue et et Smoremburg et qui auront été perdus dans l'incendie de leur navire.

Je viens de faire un mandement qui sera copié à un grand nombre d'exemplaires et qui va être envoyé à toutes les chrétientés de la province. J'y exhorte, presse et pousse les catéchistes, les baptiseurs, les vierges, en un mot tous les chrétiens de chaque localité à prendre à cœur le baptême et le sauvetage des enfants payens, et d'y employer tous les moyens possibles. J'espère que mes efforts obtiendront leur effet ; car, depuis mon arrivée ici, les missionnaires, comme les chrétiens, se sont montrés parfaitement disposés à seconder mes desseins et mes projets pour le bien de la religion dans cette province. Je suis heureux de pouvoir leur rendre ce témoignage, qu'ils méritent à tous égards, et cette union du pasteur avec ses collaborateurs et son troupeau est l'heureux présage du grand bien qui va s'opérer dans le Kiang-si pour la Sainte-Enfance et, par conséquent, pour la religion.

Mais il est fâcheux que nous soyons si peu de missionnaires. Dans l'affliction de mon âme, je conjure le maître de la mission d'avoir pitié du Kiang-si et d'y envoyer des ouvriers, sans quoi, nos chrétiens tomberont de plus en plus, et elles périront à jamais ces innocentes créatures que la nation la plus insensible et la plus froide qui ait jamais existé, sacrifie chaque année par millions avec un sang-froid qui serait inconcevable, si on ne savait que le péché originel a causé dans les facultés de l'âme et dans les affections du cœur, des ravages bien autrement désastreux que ceux que le déluge a exercés dans l'atmosphère et sur le globe terrestre.

J'aurais été bien aise qu'on m'eut signalé quelqu'un des faits d'exposition ou d'infanticide, sur lesquels, M. l'abbé N... a jeté des doutes. Mais, quoiqu'il puisse dire, le témoignage unanime de tant d'évêques et de missionnaires qui sont dans l'intérieur de la Chine, depuis tant d'années, est bien préférable à celui de ce missionnaire qui n'a vu que les contours de cet empire, etc., etc.

Je dois cependant faire observer qu'il me semble qu'il y a quelque chose d'inexact dans la notice — nouvelle édition 1851 — page 6, où il est dit : « l'usage au moins, si ce n'est expressément la loi même, donne à tout chef de famille droit de mort sur l'enfant nouveau-né. » L'usage donne si peu le *droit* de mort sur le nouveau-né, que les père et mère ne se défont jamais publiquement de leur nouveau-né, mais bien en secret et pendant la nuit, dans la crainte d'être dénoncés ou accusés. Quant à la loi, depuis Confucius, contemporain de Zorobabel, jusqu'à nos jours, les empereurs, les législateurs, les philosophes, en un mot l'autorité a toujours défendu l'exposition et l'infanticide. Mais par un vice d'administration tel qu'il n'a point d'exemple dans aucune autre nation du monde, ni la loi, ni les édits, ni les proclamations, rien n'est mis à exécution, de sorte que l'infanticide a comme prescrit sur la loi et a dépassé toute borne et toute mesure, comme le prouvent toutes les relations des missionnaires en Chine. La Providence a donc suscité la Sainte-Enfance pour opposer une digue au plus grand des fléaux qui aient jamais ravagé l'espèce humaine.

Je viens, Monsieur le Directeur, vous proposer un dessein qui, je pense, vous surprendra agréablement et vous fera plaisir, parce que l'honneur de la religion et la gloire de Dieu y sont intéressés. Comme il y a parmi les membres du Conseil central, des personnes de piété, de sagesse, de clairvoyance et de discernement, je pense qu'il conviendrait d'en charger deux ou trois pour faire la Notice historique des associés de la Sainte-Enfance qui ont eu une mort édifiante après une vie de charité et de zèle pour l'accroissement de la sainte œuvre ; parce que je crois que Dieu fera des miracles pour manifester la sainteté de plusieurs après leur mort, s'ils n'en ont pas déjà fait pendant leur vie. « *Colligite ne pereant,* » recueillez, de peur qu'ils ne périssent.

Je vous soumets encore un autre projet : Les ressources

qui nous viennent de la Propagation de la Foi, sont si peu en rapport avec les besoins de cette mission, du séminaire surtout, qu'il ne nous est pas possible d'avoir un clergé suffisant pour l'administration des chrétiens, et comme ces ressources resteront encore longtemps dans cette disproportion, il est de la plus grande urgence que la Sainte-Enfance, qui ne pourra jamais marcher bien en Chine, que sous l'activité des missionnaires, *ait pour son service*, un nombre de prêtres analogues à l'extension de ses œuvres. Voici, en conséquence, un moyen puissant qu'elle devrait adopter, au moins quant à mon vicariat : à savoir de fournir les fonds nécessaires pour l'éducation d'une douzaine d'élèves choisis qui, une fois ordonnés prêtres, seraient uniquement occupés sous la haute main et la surveillance du Vicaire apostolique et de concert avec les chrétiens, du baptême, du rachat et de l'éducation des enfants : ils seraient proprement prêtres de la Sainte-Enfance. De cette manière les choses iraient à merveille ; car ces prêtres auraient un avenir sûr. Si j'avais avec moi aujourd'hui seulement cinq prêtres *ad hoc*, que d'enfants seraient baptisés et recueillis dans l'espace d'un an, et quel baume pour mon cœur navré du spectacle déchirant de tant de pauvres innocents qui perdent dans un instant et l'usure d'une vie éphémère et leur part du paradis.

Il me semble que cette idée de prêtres de la Sainte-Enfance, présentée et exposée avec sa nécessité et ses résultats immenses, ne peut que plaire et sourire aux membres du Conseil. Notre Congrégation n'opposera aucune difficulté à cet ordre de choses, puisqu'il a été déclaré, dans notre réunion de Ning-po, présidée par M. Poussou, qu'il n'était pas expédient pour bien des raisons, d'admettre dans notre Congrégation tous les séminaristes de nos provinces, mais seulement ceux qui le demanderaient et qu'on jugerait propres à y entrer.

Dans tout ce que je vous dis ici, Monsieur le Directeur, je n'ai qu'une pensée et qu'un désir ; mais une pensée bien fixée dans mon âme ; mais un désir profondément enraciné dans mon cœur, à savoir : de mettre la Sainte-Enfance, dans la mission du Kang-si qui m'a été confiée par le Saint-Siége, et à laquelle vous portez un si vif intérêt, sur un pied qui réponde à votre zèle ainsi qu'à celui de tous les bien-aimés associés et qui puissent servir de support à votre sollicitude et d'aliment aux efforts généreux et héroïques de la Sainte-Enfance.

Prenez, laissez, tranchez, ajoutez tout ce qu'il vous plaira dans ce que je vous écris. Je suis tellement fatigué depuis bientôt vingt-trois ans que je pousse ma brouette sans relâche, qu'il n'est pas étonnant que je fasse des gaucheries par ci par là. Mais je travaille pour une bonne cause et je parle à des personnes qui comprennent combien les missionnaires ont à souffrir en Chine, pour le physique comme pour le moral ; et je regarde comme un miracle que ma tête n'ait pas encore sauté et que je sois encore debout après les peines et les souffrances de tout genre que j'ai à supporter. Mais n'importe, vive la souffrance, vive la Sainte-Enfance et je mourrai content, dussé-je encore rouler ma bosse pendant cent ans, s'il m'est donné de voir les sœurs de la charité à la tête des Maisons de la Sainte-Enfance du Kiang-si (1).

Au retour de M. Anot, qui est en mission et que j'attends de jour en jour, je lui donnerai lecture de la lettre de Mgr Parisis. Comme, à l'occasion du nouvel an chinois, nous nous trouvons ici plusieurs confrères réunis, je ne manquerai pas de prendre auprès d'eux les renseignements qui me sont nécessaires pour la seconde partie de mon Rapport sur l'exposition et l'infanticide. Je sais que vous priez pour nous, ainsi que tous les chers associés. Dieu bénisse votre charité, et croyez-moi toujours en l'amour de Jésus Enfant et de Marie Immaculée,

Votre bien reconnaissant serviteur,

† François-Xavier-Timothée DANICOURT,
Évêque d'Antiphelles et Vicaire apostolique du Kiang-si.

REMARQUE. — On pourra être surpris de ces mots qui se trouvent à la fin de mon Rapport : « les yeux tournés vers l'Occident, où *Confucius a dit qu'était le Saint.* » C'est à des-

(1) On sait que Monseigneur Danicourt est le premier Évêque qui ait installé les filles de la charité en Chine, dans son premier vicariat du Tché-kiang ; et, après avoir tout disposé, il allait les recevoir dans son second vicariat du Kiang-si, lorsqu'il a été surpris par la mort.

sein que j'ai cité ces paroles remarquables de Confucius, parce qu'elles sont un témoignage frappant de l'antique tradition : et en voici l'occasion. Un des nombreux disciples de ce philosophe lui demandait un jour où était le Saint (ou les Saints) ? Confucius répondit : *Si-fang tchi jeu-jeou ching-tché*, c'est-à-dire *occidentis homines habent sanctum (vel sanctos)*. Les hommes de l'Occident ont le Saint (ou des Saints). Je sais que quelques commentaires ont appliqué ces paroles à Boudha, mais ce sens est rejeté et réfuté par la masse des disciples de Confucius (des lettrés), par la raison que le culte de Boudha n'a été introduit en Chine que longtemps après Mentius qui vivait trois siècles après Confucius et que ce dernier n'a jamais rien dit ou écrit sur le Boudhisme.

www.ingramcontent.com/pod-product-compliance
Lightning Source LLC
Chambersburg PA
CBHW061007050426
42453CB00009B/1312